AF576328

La tentation
du capitaine Lacuzon

Théâtre des 5 Continents
Collection dirigée par
Robert Poudérou et Fanette Vendeville

Dernières parutions

336 – Marie-Aimée LEBRETON, *Au fil des jours*, 2014.
335 – Richard TSOGANG FOSSI, *Le gibier humain*, 2014
334 – Ivan GAVRILOFF, *La dernière pilule*, 2014.
333 – Bernard MARTIN FARGIER, *Bonheur voyage,* 2014.
332 – Lou FERREIRA, *Pour l'éternité,* 2014.
331 – Jean-Luc TABARD, *La truite aux amandes*, 2014.
330 – Koshi AKOUBIA, *Grinini*, 2014.
329 – Nicky ATTIKI, *Le sculpteur*, 2014.
328 – Serge BOUCHET DE FAREINS, *Avis de recherche,* 2014.
327 – Juliette SPERANZA, *Elektra La Rienne*, 2014.
326 – Jules MOREAUX, *Notre-Dame-de-la-Mer*, 2014.
325 – Dominique ZINS, *Une femme enquête.* Suivi de *Au seuil de la pesanteur*, 2014.
324 – Girish Raghunath KARNAD, *Les fleurs,* 2014.
323 – Jean-Luc JEENER, *Pédophilie, suivi de Sensualité,* 2014.
322 – Robert POUDÉROU, *Le Choc*, 2014.
321 – Léo KOESTEN, *Les peintres*, 2014.
320 – Hubert AUQUE, *Médée de retour en Colchide*, 2014.
319 – Gonzague PHÉLIP, *La Mine,* 2013.
318 – Monique LANCEL, *La Signature*, 2013.
317 – N'GWAMOUÉ DIABATE, *Voyage aux sources*, 2013.
316 – ARRIZ-TAMZA, *Salam (La soif)*, 2013.
315 – Daniel DANZI, *Pour ma terre…*, 2013.
314 –Benoit MARBOT, *Journal d'un imbécile*, 2013.
313 –Jean-Luc MINGOT, *Médée*, 2013.
312 – Koshi AKOUBIA, *Djagugu*, 2013.
311 – TOH BI TIÉ Emmanuel, *Salomé*, 2013.
310 – Régis BORDET, *Hippocampe*, 2013.
309 – Régis BORDET, *Tarpeia*, 2013.
308 – Hjalmar SÖDERBERG, *Basculement*, 2013.
307 - Bernard H. RONGIER, *Elégance des naufragés*, 2013.
306 – Pascal HOLTZER, *Foum*, 2013.
305 – France GROS, *Camille ad honores*, 2013.

Monique Lancel

La tentation du capitaine Lacuzon

Du même auteur

Le Retable Baglioni, éd. du Petit Théâtre de Vallières, Cahier de Théâtre n° 10, 2007.

La Signature, éd. L'Harmattan, 2013. Créé au Théâtre du Nord Ouest en 2013.

Molière, la belle aventure, Créé au Théâtre du Nord Ouest en 2008, inédit.

Moi, Adèle épouse Labiche
Créé au Théâtre du Nord Ouest en 2010, inédit.

Là-bas derrière les ruches
Créé au Théâtre du Nord Ouest, 2013, inédit.

Le Petit Théâtre au fond de la cour
Mis en espace au Théâtre du Nord Ouest, 2013, inédit.

La Tentation de Lacuzon
a été mise en première lecture publique par Lisa Sans
au Théâtre du Nord Ouest en avril 2014,
avec la participation des comédiens Christophe Boudé,
Adriana Breviglieri, Clovis Guerrin, Lisa Sans.

5-7, rue de l'Ecole-Polytechnique, 75005 Paris

http://www.harmattan.fr
diffusion.harmattan@wanadoo.fr

ISBN : 978-2-343-03622-9
EAN : 9782343036229

Un grand merci à Lisa Sans
pour son beau travail.

Merci à la conteuse Edith Montelle.
C'est en lisant *L'œil de la Vouivre*
que j'ai découvert la légende fondatrice de cette pièce.

Merci à Jean-Luc Jeener.

Merci
à Juliette pour ses judicieux conseils
et à Jean-Marie
pour son très précieux et très solide soutien.

En souvenir de mon père,
René Séjournant,
comtois et historien,
qui m'a, le premier,
parlé de la guerre de Dix Ans et de Lacuzon.

Lieu

Une auberge, dans le Jura, du côté de Saint-Claude.

Personnages

LA DEMOISELLE

PERRINE

CLAUDE PROST DIT CAPITAINE LACUZON

1639, la guerre de Dix Ans ravage la Franche-Comté.

1

LA DEMOISELLE – PERRINE

La grande salle de l'auberge. Table, chaises, bancs. On devine un escalier qui mène à l'étage.

Perrine, la patronne, est installée près du comptoir. Elle est en train d'éplucher des légumes. C'est une femme du peuple, âgée d'une bonne quarantaine d'années, épanouie, chaleureuse, solide.

On frappe à la porte.

PERRINE : Oui. Entrez.

La Demoiselle entre. Elle porte une robe verte très simple, mais très belle. C'est une jeune fille particulièrement attirante, très gracieuse, très sensuelle. Son regard est étrange, à la fois fascinant et un peu inquiétant.

PERRINE : Bonjour. Rentrez vite. Il ne doit pas faire bien chaud, dehors, avec tout ce brouillard.

La Demoiselle regarde partout autour d'elle avec curiosité.

PERRINE : Madame ?

La Demoiselle l'observe sans répondre.

PERRINE : Qu'est-ce qu'il y a pour votre service ?

La Demoiselle ne répond pas, regarde autour d'elle, se promène dans la pièce.

PERRINE : Vous, alors, vous n'êtes pas bavarde !

La Demoiselle observe attentivement Perrine, lui sourit, mais ne parle pas.

PERRINE : Oui. Enfin, vous êtes bien libre. Faites comme chez vous.

La Demoiselle regarde le plafond.

LA DEMOISELLE : Il est bas, ce plafond. Vous n'étouffez pas, ici, vous ?

PERRINE : Bon. C'est une auberge, pas un palais.

La Demoiselle s'assoit sur une chaise.

LA DEMOISELLE : Pas très agréable.

PERRINE : Qu'est-ce qu'elle a, ma chaise ?

La Demoiselle touche le banc.

LA DEMOISELLE : Ce banc, j'aime bien. Du beau bois, tendre, lisse, doux à toucher.

PERRINE : Ah ! Il vous plaît, mon banc ? Tout de même ! Asseyez-vous donc. J'ai justement de bonnes gaudes, toutes prêtes. Je vous en sers une assiettée ?

LA DEMOISELLE : Merci. Je n'ai pas faim.

PERRINE : Vous voulez une chambre ? J'en ai de libres. Et bien confortables.

LA DEMOISELLE : Non. Pas de chambre.

PERRINE : Vous attendez quelqu'un ?

LA DEMOISELLE : Peut-être.

PERRINE : Vous pouvez rester là, sûr ! Vous boirez bien quelque chose ?

LA DEMOISELLE : Je n'ai pas trop envie.

PERRINE : Qu'est-ce qui vous ferait plaisir ?

LA DEMOISELLE : J'ai sommeil. Je crois que je vais dormir. Un petit peu.

PERRINE : Ici ?

La Demoiselle se roule en boule sur le banc. On ne voit plus qu'un peu de vert.

PERRINE : Qu'est-ce qu'elle veut, cette drôle de fille là ?

La porte s'ouvre.

2

CLAUDE – PERRINE – LA DEMOISELLE

Entre Claude. Trente-deux ans. Solide, massif, fort au physique comme au moral. Tenue simple et fonctionnelle, de coupe un peu militaire (mais ce n'est pas un uniforme). Une très belle épée au côté.

En entrant, il a le premier réflexe d'observer très attentivement autour de lui. Son regard passe au dessus de la Demoiselle, mais il ne la voit pas.

CLAUDE : Perrine ?

PERRINE : Claude ! C'est toi !

CLAUDE : Ils sont là ?

PERRINE : Chut… On n'est pas seuls.

CLAUDE : Diable !

PERRINE : Là…

CLAUDE : Qui ?

PERRINE : Je ne sais pas.

CLAUDE : C'est que j'attends…

PERRINE : Viens par ici. On sera plus tranquilles.

Ils passent de l'autre côté de la pièce.

CLAUDE : Perrine ! Ma belle !

PERRINE : C'est toi, mon Claude !

CLAUDE : Tu vois ! Dis-moi… Tu n'as pas vu mes compagnons ?

PERRINE : Rien de rien. Ah ! Mon Claude ! Comme je suis contente ! Vivant ! Entier ! Les deux bras, les deux jambes !

CLAUDE : Et le reste.

PERRINE : Ah ! Sacripant ! Viens m'embrasser !

CLAUDE : Avec plaisir, ma grande !

Il l'embrasse.

CLAUDE : Toujours appétissante ! On en mangerait ! Tu sens bon la bonne brioche. Qu'est-ce que tu as préparé ?

PERRINE : Pas grand-chose. Il n'y a personne. Des gaudes et du gâteau de ménage, pour le plaisir.

CLAUDE : Pour moi !

PERRINE : Pour toi. Comme si j'avais deviné…

CLAUDE : Alors, vraiment, tu n'as vu personne ?

PERRINE : Pas un chat. Personne de la journée. Elle, c'est tout.

CLAUDE : Elle, c'est trop. Qui c'est ?

PERRINE : Une fille. Jeune.

CLAUDE : Jolie ?

PERRINE : Oh ! Toi !

CLAUDE : Oui. Eh ben… Je me méfie, tu vois…

PERRINE : Très jolie.

CLAUDE : D'où elle sort ?

PERRINE : Aucune idée.

CLAUDE : Qu'est-ce qu'elle fait là ?

PERRINE : Rien. Elle dort.

CLAUDE : Elle est venue, comme ça, toute seule ?

PERRINE : Toute seule, oui. C'est bizarre, hein ?

CLAUDE : Elle n'a rien dit ?

PERRINE : Rien.

CLAUDE : Renvoie-la !

PERRINE : Non.

CLAUDE : Je te dis de la renvoyer. Je n'ai pas confiance. Et j'attends mes hommes.

PERRINE : Chez moi ?

CLAUDE : J'ai les Gris à mes trousses. On est tombés dans un guet-apens. J'ai perdu mes gars. Tous dispersés. On devait se retrouver ici. Pas besoin de témoin. Alors cette fille… !

PERRINE : Vous avez eu chaud ?

CLAUDE : Tu peux le dire. Ils nous ont encerclés. On avait repéré une petite troupe, quarante, cinquante hommes, des Gris.

PERRINE : Salauds de Gris !

CLAUDE : Salauds du Bugey qui marchent avec les Français ! Avec mes Cuanais, on n'était pas si nombreux, mais bien déterminés. L'effet de surprise, on partait gagnants. Ah ! Ils nous ont bien roulés ! On croyait les guetter, c'est nous qu'on surveillait. On a été trahis. Quand je te dis qu'il ne faut faire confiance à personne. Mais je saurai qui… Ils nous ont attaqués des deux côtés. La débandade. Le sauve-qui-peut. Même La-Jeunesse, tu sais…

PERRINE : Le petiot ?

CLAUDE : Oui. Le gamin. Tu sais, il est courageux ! On peut compter sur lui. Et avec ça, un vrai savant ! Il me sert de secrétaire. Bon. Il est resté le dernier, à mes côtés. Ensuite, je ne l'ai plus vu. Lui aussi, il a filé comme un lapin. Ils ont tous déguerpi. Impossible de les tenir. Je leur revaudrai ça. Quand je les reverrai, je peux te dire qu'ils vont passer un mauvais quart d'heure. Enfin ! Faut déjà les retrouver. Vivants. Et puis… Avec ce brouillard ! Je les attends. Chez toi. Le rendez-vous, c'est chez toi. Oui, on avait convenu ça d'avance. Tu vois, je pensais les trouver. Bon Dieu ! Si on les a pris ! Ils sont courageux, ça oui. Mais la torture… Ces fumiers de Gris, ils sauraient faire parler les morts. Toi aussi, Perrine, faut que tu te protèges. Cet endroit n'est plus sûr. Si on nous a trahis… Et cette fille… Cette fille… Je me demande…

PERRINE : Elle n'a pas l'air bien dangereuse…

CLAUDE : Ça, c'est toi qui le dis. Qu'est-ce qu'elle fait là, d'abord ? C'est plus que suspect ! Allez ! Mets-la dehors !

PERRINE : Non.

CLAUDE : Qu'est-ce qui te prend ? Je te dis de te débarrasser d'elle. C'est clair ?

PERRINE : Non, je ne la mettrai pas dehors. Pas une petiote comme elle, mignonne, toute jeunette, avec les Français partout, les Suèdes, les Gris, toute cette engeance ! Tu veux qu'elle soit violée ? Massacrée ? Non, mon gars, pas question.

CLAUDE : Alors… Qu'elle aille dormir à l'étage. C'est pas une auberge, ici ? Tu as bien des chambres, non ?

PERRINE : J'en ai.

CLAUDE : Alors… Oust ! Qu'on soit tranquilles.

PERRINE : Si tu veux. Tiens, passe derrière, dans la cuisine. Fais comme chez toi. Bois un coup.

CLAUDE : Ah ! C'est pas de refus ! Mais fais ce que je te dis !

Il sort derrière le comptoir.

3

PERRINE - LA DEMOISELLE

Perrine s'approche de la Demoiselle et doucement lui presse l'épaule pour la réveiller.

PERRINE : Mademoiselle…

La Demoiselle se retourne, lentement, s'assoit.

LA DEMOISELLE : Je rêvais… Comme c'est dommage ! Vous m'avez réveillée.

PERRINE : Vous attendez quelqu'un, c'est ça ?

LA DEMOISELLE : Je l'attends, oui.

PERRINE : Je ne vous chasse pas. Vous allez pouvoir dormir. Mais là-haut, vous serez mieux. Dans un bon lit.

LA DEMOISELLE : Non.

PERRINE : Allons ! Un bon matelas de laine. Des draps frais. On est bien, chez nous.

LA DEMOISELLE : Je n'ai pas trop envie…

PERRINE : Cette personne que vous attendez, quand elle arrivera, je monterai vous prévenir. Pas de souci.

LA DEMOISELLE : C'est inutile. N'insistez pas. Je ne vais pas monter.

PERRINE : Pourquoi donc ? Si c'est une question d'argent… Allez ! Je ne vais pas vous faire payer. L'auberge est vide. Vous savez, en ce moment, avec ce qui se passe… Il n'y a pas beaucoup de voyageurs. Entre nous, mon petit… Qu'est-ce que vous faites par ici, toute seule ? C'est de la folie !

LA DEMOISELLE ***(avec un petit sourire) :*** Je n'ai pas peur…

PERRINE : Vous avez tort !

LA DEMOISELLE : Peut-être pas…

PERRINE : Alors… Vous montez ?

LA DEMOISELLE : Je ne veux pas.

PERRINE : Vous montez. C'est comme ça.

LA DEMOISELLE : Non. Ce n'est pas un problème d'argent. Je suis riche. Regardez…

La Demoiselle sort de sa manche un très beau bijou, une sorte de rubis, tenu par un fil d'or.

PERRINE : Oh ! Que c'est beau ! Mais cachez-moi ça ! Si vous le montrez à tout le monde, on va vous tuer pour le voler.

LA DEMOISELLE ***(petit sourire) :*** Je ne crois pas.

PERRINE : C'est plein de pillards, par ici. Surtout en ce moment.

LA DEMOISELLE ***(petit sourire) :*** Je sais me défendre.

PERRINE : Vous êtes folle ! Des brigands. Des soudards. Allons ! Soyez raisonnable. Montez. Vous serez bien tranquille, vous dormirez tant que vous voudrez. Je vous apporterai à manger. Nous causerons.

LA DEMOISELLE : Non.

PERRINE : Quelle tête de bois ! Vous allez me rendre chèvre ! Qu'est-ce que je vais faire de vous ? Je ne vais quand même pas vous jeter dehors ! Vous ne pouvez pas rester ici, vous comprenez ?

LA DEMOISELLE : Je suis bien, ici. Sur ce banc.

PERRINE : Écoutez. J'attends du monde. J'ai besoin de ma salle.

LA DEMOISELLE : Je sais me faire discrète. Ils ne me verront même pas.

PERRINE : Peut-être qu'ils aimeraient être seuls.

LA DEMOISELLE : Je dormirai. Je rêverai. Je serai dans mon rêve, celui que vous avez interrompu. Je serai là-bas…

PERRINE : Les jeunes filles comme il faut, ça dort, ça rêve dans un lit. Pas sur un banc, comme une bohémienne. Si vous étiez ma fille… Vous avez bien des parents ? Une famille ?

LA DEMOISELLE : Qu'en ferais-je ?

PERRINE : Un père ! Une mère ! Ça compte, non ? Vous ne les avez plus ?

LA DEMOISELLE : Je ne crois pas.

PERRINE : Ils sont morts, c'est ça ? Les Gris les ont tués ?

LA DEMOISELLE : Non…

PERRINE : Vos parents sont encore en vie ?

LA DEMOISELLE : C'est si vague…

PERRINE : Ma petiote ! Orpheline, alors ?

LA DEMOISELLE : L'eau. Les eaux.

PERRINE : Qu'est-ce que tu dis ?

LA DEMOISELLE : La mousse. Les fougères. L'herbe. Je rampe. Sous les feuilles.

PERRINE : C'est tout ce qui te revient ? Essaie de te rappeler… Tu ne peux pas avoir tout oublié. Où c'est, ta maison ?

LA DEMOISELLE : Une grotte…

PERRINE : On a rasé ton village ? Vous vous êtes réfugiés dans…

LA DEMOISELLE : De l'écorce. Des écailles.

PERRINE : Pourquoi tu me racontes des histoires ? Tu divagues… Ce sont les soldats, hein ? Les Suèdes ? Qu'est-ce qu'ils t'ont fait ?

LA DEMOISELLE : Je ne sais pas.

Perrine prend la Demoiselle contre elle, d'un geste très doux et maternel.

PERRINE : Tu ne trembles pas. Tu ne te débats pas. Tu n'as pas été forcée. J'en ai trop vues qui… Alors… Qui es-tu, petite ? Dis-moi…

LA DEMOISELLE : Laissez-moi dormir ici. Je ne veux pas monter. Les murs sont trop blancs. Les angles sont durs. On est mal.

PERRINE : Drôle de fille. Fais voir.

Perrine prend le visage de la Demoiselle entre ses mains et l'observe attentivement.

PERRINE : Tu es jeune, mais pas si jeune… Tu as quel âge ? Tu ne veux pas me dire ? Ni d'où tu viens ? Tu es une romanichelle ?

LA DEMOISELLE : Non.

PERRINE : Tu es habillée comme une dame. Et ce bijou… Tu dois être un peu folle. Allez, recouche-toi. Je ne sais plus quoi faire.

Perrine très doucement caresse les cheveux de la Demoiselle endormie. Puis elle va chercher une couverture et la pose sur elle.

4

PERRINE – CLAUDE – LA DEMOISELLE

PERRINE : Claude !

Claude rentre.

CLAUDE : Tu t'es débarrassée d'elle ?

PERRINE : Rien à faire. Elle ne veut pas.

CLAUDE : Comment ça, elle ne veut pas ?

PERRINE : Elle refuse de monter. Elle ne veut pas être enfermée. Elle a peur des chambres. À vrai dire, elle est bizarre, cette fille.

CLAUDE : Bizarre ? À coups de pied au cul je vais l'expédier dans sa chambre, cette garce. À coups de pied au cul ! Et tiens… Tu as une clé ? Que je l'enferme à double tour.

PERRINE : Elle ne me paraît pas bien méchante.

CLAUDE : Que tu dis ! Ma pauvre Perrine, tu donnerais le bon dieu sans confession à tout le monde. Au duc de Saxe-Weimar ! Au cardinal de Richelieu !

PERRINE : Oh ! Tout de même !

CLAUDE : Tu es trop bonne !

PERRINE : Dis pas ça, Claude !

CLAUDE : Je te connais, va ! Tu ne ferais pas de mal à une mouche.

PERRINE : Tu n'as pas le droit ! J'en ai trop vu.

CLAUDE : Ah ! Ça ! Oui. Ils t'en ont fait voir de drôles.

PERRINE : Il s'en est passé, dans mon auberge ! Si tu savais… La rage qui me prend ! J'irais les tuer, tous !

CLAUDE : Allez ! C'était pour rire.

PERRINE : Il n'y a pas de quoi rire.

CLAUDE : Te fâche pas, ma vieille…

PERRINE : Mon homme… Et tu as le cœur d'en rire ! De te moquer ! Mais quel salaud !

CLAUDE : Je sais. Ils ont pris ton homme, ces fumiers. C'était quelqu'un de bien.

PERRINE : Quel salaud, Claude, quand tu t'y mets !

CLAUDE : Je l'aimais bien, l'aubergiste. Tu peux me croire. Je couchais bien un peu avec toi, au passage, comme ça. Mais j'avais de l'estime pour lui.

PERRINE : Tu as besoin de rappeler ça !

CLAUDE : Bah ! Il n'en a rien su. Et où il est, ça ne risque plus de le chiffonner.

PERRINE : Allez ! Tais-toi, ça vaudra mieux !

CLAUDE : Mais n'empêche ! Moi… J'ai appris à me méfier. Cette petite, pour toi c'est une victime. Pour moi, elle a tout d'une espionne. Les espions, tu sais ce que j'en fais. Je les fais parler. Et puis…

PERRINE : Tais-toi. Je n'aime pas ça.

CLAUDE : Moi non plus.

PERRINE : Cette petite est un peu dérangée, mais ce n'est pas une espionne.

CLAUDE : Qu'est-ce que tu en sais ?

PERRINE : Je connais les hommes. Et les femmes. Celle-là, elle a juste l'air complètement perdue.

CLAUDE : On va voir. Moi aussi, je connais les hommes. Et les femmes. Perdue ou pas, elle se retrouvera, fais confiance ! Laisse-moi avec elle.

PERRINE : Claude ! Non !

CLAUDE ***(dur) :*** Obéis ! Donne-moi la clé. Allez ! Donne !

Perrine sort. Elle revient avec la clé.

PERRINE : Claude, s'il te plaît, ne lui fais pas de mal !

CLAUDE : Je ne vais rien lui faire. Simplement l'enfermer. Qu'on soit tranquilles ! Toi, va dehors, guette. Si tu vois mes gars, fais les rentrer par la grange. Qu'elle ne les reconnaisse pas. J'aime mieux.

Perrine sort.

5

CLAUDE – LA DEMOISELLE

Claude s'approche de la Demoiselle. Il la regarde dormir, un moment. Puis il l'attrape à bras le corps, la met debout, la tient dans ses bras face à face.

CLAUDE : Bonjour.

LA DEMOISELLE *(sourire éclatant)* : Bonjour.

CLAUDE : Mademoiselle…

LA DEMOISELLE : C'est mon nom que vous voulez ?

CLAUDE : Voilà.

LA DEMOISELLE : Mettons que je n'en aie pas.

CLAUDE : Vous avez bien un nom. Tout le monde a un nom.

LA DEMOISELLE : Pas moi.

CLAUDE : Un petit nom. Un nom de baptême.

LA DEMOISELLE : Je n'ai pas de nom de baptême.

CLAUDE : Tiens donc !

LA DEMOISELLE : C'est ainsi.

CLAUDE : Je vais vous croire !

LA DEMOISELLE : Croyez, ne croyez pas, c'est votre affaire !

CLAUDE : Vous vous promenez toute seule dans la forêt.

LA DEMOISELLE *(lent sourire)* : Ça m'arrive.

CLAUDE : Et vous n'avez pas peur ?

LA DEMOISELLE : Peur ? De qui ? De vous ?

CLAUDE : De moi, oui.

LA DEMOISELLE : Ah ! Non !

Elle rit.

CLAUDE : Vous savez qui je suis ?

LA DEMOISELLE : Mais oui.

CLAUDE : Vraiment ?

LA DEMOISELLE : Vous êtes un homme solide, bien bâti, pas trop vilain, comme je les aime.

CLAUDE : Alors, comme ça, je vous plais ?

LA DEMOISELLE : Oui.

CLAUDE : Très flatté. Oui, vraiment très flatté. Mais pas dupe, ma petite. C'est tout ce que vous savez de moi ?

LA DEMOISELLE : Bien sûr que non.

CLAUDE : Ah ? Quoi d'autre ?

LA DEMOISELLE : Vous vous appelez Claude Prost. Vous êtes né à Longchaumois. Enfin, juste à côté, au lieu-dit le Champ sous le Daim. Votre père s'appelait Pierre. Pierre Prost. Et votre mère Clauda, Clauda Jacquemin. Mais tout le monde vous connaît maintenant comme le capitaine Lacuzon. Le célèbre, le redoutable capitaine Lacuzon. Quand les Français de Richelieu sont entrés en Comté, vous vous êtes engagé. Dans l'armée régulière, d'abord. Mais vous aviez votre caractère, vous aimiez votre indépendance, alors vous êtes devenu franc-tireur. Vous avez fait le coup de main, avec quelques compagnons bien choisis. Vous voulez que je vous dise leurs noms ? La-Jeunesse, Tranche-Montagne, Pille-Muguet, Brise-Bataille, La Vigne. Aujourd'hui, les Français, les Suédois, les mercenaires allemands du duc de Saxe-Weimar, les Gris du Bugey, tous vous craignent, vous et vos partisans. Les Cuanais, c'est comme ça qu'on les appelle. On ne parle plus que d'eux, dans tout le Haut Pays. Et même dans le Plat Pays, maintenant. Ah ! Vous êtes célèbre, capitaine Lacuzon !

CLAUDE : Vous en savez beaucoup.

LA DEMOISELLE : Plus encore !

CLAUDE : Vraiment !

LA DEMOISELLE : Vous avez une femme, Jeanne, et deux petites filles. Vous les avez laissées, pour aller vous battre. Elles vous attendent. Vous ne vous en souciez guère.

CLAUDE : Ça, ma petite, ce n'est pas votre affaire.

LA DEMOISELLE : Pourquoi pas ? Je m'intéresse à vous.

CLAUDE : Je vois ça. Et vous vous promenez ici par hasard ?

LA DEMOISELLE : Non. Pas par hasard. Je vous cherchais.

CLAUDE : Tiens donc ! Et vous saviez me trouver ici, dans cette auberge !

LA DEMOISELLE : C'est un de vos points de ralliements. Je les connais tous. Vous voulez que je vous les dise ? La grotte de Névy, la grotte du Hérisson, la grotte du Sarrazin, la baume de Varroz, la grotte de Vaux, la grotte de la Frasnée. Pour l'auberge de Perrine, je vous ai suivi. Vous ne vous en doutiez pas ? Je me faufile dans votre ombre.

CLAUDE : C'est votre tactique ? Faire semblant de dire la vérité. Le jeu de la franchise. Pour m'embrouiller. Vous avez un certain culot, ma petite. Qui vous envoie ?

LA DEMOISELLE : Moi-même.

CLAUDE : À d'autres !

LA DEMOISELLE : Vous ne me croyez pas ?

CLAUDE : Non.

LA DEMOISELLE : Une femme qui vous suit, ça vous gêne ?

CLAUDE : Et vous ! Vous n'avez pas peur ?

LA DEMOISELLE : Pourquoi voulez-vous que j'aie peur ?

CLAUDE : Le métier d'espionne, c'est dangereux, vous savez ! Laissez-moi vous regarder. Vous êtes jolie, c'est sûr ! Mais ne rêvez pas. Ce n'est pas votre frimousse qui va vous protéger.

LA DEMOISELLE : Vous me prenez pour une espionne… C'est intéressant.

CLAUDE : Vous me prenez pour un imbécile ? Ils sont bien renseignés, là bas. Ils savent que j'aime les belles filles. On tente le coup. Ils vous envoient chez Perrine. Comment ils la connaissent, l'auberge de Perrine, ça, c'est vous qui allez me le dire. Vous ne voulez pas me répondre ? Très bien. On verra ça plus tard. Donc vous arrivez là, toute mignonne et pomponnée. Vous mettez Perrine dans votre jeu, ça c'est facile. Vous vous arrangez pour me rencontrer. Grande scène de séduction. D'abord, vous faites la mystérieuse. Ensuite, vous me flattez. Et puis vous essayez de me troubler. En jouant cartes sur table. Il faudrait voir à ne pas me prendre pour un naïf, mademoiselle !

LA DEMOISELLE : Très bien imaginé.

CLAUDE : Alors c'est fini ?

LA DEMOISELLE : Qu'est-ce qui est fini ?

CLAUDE : La comédie. On passe aux aveux ?

LA DEMOISELLE : Vous m'amusez.

CLAUDE : Ah ! Oui ? Je vous fais rire ? Vous n'allez pas rire bien longtemps, c'est moi qui vous le dis.

Il la prend par les mains. La Demoiselle se dégage avec un regard tel qu'il recule malgré lui.

LA DEMOISELLE : Ne me touchez pas ! Attention ! Vous jouez avec le feu, là. Vous ne savez pas qui je suis.

CLAUDE : Qui vous êtes ? Une noble demoiselle, c'est ça ? Moi, je suis un fils de paysan. Je ne sais pas lire. Mes proclamations, je les signe avec une croix.

LA DEMOISELLE : Je sais.

CLAUDE : Oui, vous en savez beaucoup. On cherche des sensations fortes ? On désire s'encanailler, hein ? Vous vous amusez à faire la guerre, la guerre en dentelles ? Agent du cardinal, en voilà un joli passe-temps pour une demoiselle qui s'ennuie !

LA DEMOISELLE : Vous me faites rire !

CLAUDE : On sait qu'il en a dans sa manche, le Richelieu, de belles espionnes.

LA DEMOISELLE : Je ne suis pas une espionne. Je vous l'ai déjà dit. Vous avez du mal à comprendre !

CLAUDE : Alors ? Qui êtes-vous ? J'attends.

LA DEMOISELLE : Une femme. Peut-être bien... Vous ne croyez pas ?

CLAUDE : Française ?

LA DEMOISELLE : Française ? Oh ! Non. J'ai vécu ici, sur ces terres, les terres de la Comté, les forêts, les montagnes, les grottes de la Comté. Je n'en connais pas d'autres.

CLAUDE : Vous êtes du pays.

LA DEMOISELLE : De toute ma chair. De toute ma terre. Des arbres, des herbes, des eaux... D'ici...

CLAUDE : De mieux en mieux. Vous trahissez les vôtres, alors !

La Demoiselle : Suis-je des vôtres ?

Claude : Vous venez de le dire.

La Demoiselle : Peut-être pas…

Claude : Vous vous moquez de moi, hein ? Bon. Assez ri. Je n'ai ni le temps ni la patience… Dites-moi votre nom, et vite !

La Demoiselle : Si je vous le disais, vous ne voudriez pas me croire.

Claude : De très haut lignage, c'est ça ?

La Demoiselle : Très haut et très ancien.

Claude : Ça ne m'impressionne pas. Alors ? Ce nom ?

La Demoiselle : Je vous le dirai, mon nom. Plus tard. Quand nous nous connaîtrons mieux. Quand vous me parlerez avec respect.

Claude : Pas la peine de prendre vos grands airs, ma petite. Ici, c'est moi qui commande. Je n'ai aucune envie de vous connaître mieux ou bien. Je veux savoir à qui j'ai affaire. Alors ?

La Demoiselle ***(bâillant)*** **:** Vous m'ennuyez. Vos petites histoires ne m'intéressent pas beaucoup.

Claude : Oui ? Moi, elles m'intéressent !

La Demoiselle : C'est lassant. Bonsoir.

La Demoiselle se rallonge.

Claude : Ah ! Non ! Pas de ça, ma petite !

Il la relève, assez brutalement.

La Demoiselle ***(provocante)*** **:** Violent, hein !

Claude : Vous m'y forcez.

La Demoiselle : J'étais venue pour vous voir. Pour admirer le fameux Lacuzon ! En chair et en os.

Claude : Ah ! Vraiment ?

La Demoiselle : Je suis un peu déçue. Vous me parlez d'espions, de Français, de Richelieu…

Claude : Dans quel monde vivez-vous ? Personne ne vous a dit… Vous savez ce qu'ils font dans les villages ? D'abord, ils rassemblent les femmes, toutes, les jeunes, les vieilles, et ils les violent. Ensuite, ils enferment tout le monde dans les maisons, même les enfants, même les enfants à la mamelle. Et ils mettent le feu. Vous le savez, ça ?

La Demoiselle : Ah ! Oui ? Et vous ? Vous ne brûlez pas, vous ? Ceux d'en face, vous ne les massacrez pas ?

Claude : Pas comme ça.

La Demoiselle : Peut-être. Mais vous tuez. Vous torturez. Je sais. J'ai vu. D'ailleurs… Ça m'est égal.

Claude : C'est un combat. On n'a pas le choix. La Comté, elle appartient au Roi d'Espagne, c'est tout. Et encore… La Comté, par droit, par tradition, elle a son autonomie. Elle est libre, la Comté. Elle n'appartient, de vrai, qu'à elle-même. Les autres qui viennent nous envahir, les Français, les Suédois, tous ceux-là, faut les chasser. Ils pillent, ils massacrent, ils brûlent nos maisons, ils torturent, ils tuent les enfants, ils violent les femmes et les filles. Faut les chasser. Moi, je m'en occupe. Je sauverai la Comté. Tous les coups sont permis.

La Demoiselle : Un héros ?

Claude : Vous êtes de la Comté. Vous connaissez notre devise. « Comtois rends-toi ! Nenni ma foi ! » C'est ce qu'ils criaient aux Français, les nôtres, pendant le siège de Dole.

La Demoiselle : Jolie phrase. Elle sonne bien.

CLAUDE : Vous vous moquez ? Il n'y a pas de quoi rire. Vous savez ce qu'ils font ? Ils coupent le blé en herbe, pour affamer les gens. Des champs entiers. Ils brûlent les moissons. Ils abattent le bétail, ou ils l'emportent. Pour le manger, pardi ! Des mercenaires, on ne les paie plus, ils vivent sur le pays. Bien sûr, dans votre château, on ne meurt pas de faim.

LA DEMOISELLE : Vous avez de l'éloquence. J'aime le son de votre voix. Oui…

CLAUDE : Je ne sais pas pourquoi je me fatigue à essayer de vous convaincre.

LA DEMOISELLE : Vous aimeriez que je me laisse convaincre ?

CLAUDE : Mais oui !

LA DEMOISELLE : Pourquoi ?

Claude est légèrement décontenancé. Il fait un geste vague.

LA DEMOISELLE : Vous ne me prenez plus pour une espionne ?

Claude l'observe attentivement. Il sourit.

Claude : Une espionne ? Non. Une noble demoiselle un peu trop curieuse et qui se prend pour une aventurière… On veut rencontrer le fameux Lacuzon. Oui, mais voilà, ma petite, la guerre n'est pas un jeu.

LA DEMOISELLE : Dommage !

CLAUDE : Dommage ! Tout ça vous amuse ? La mort de tant de braves Comtois !

LA DEMOISELLE : La guerre, la mort, non, ça ne m'amuse pas. Ça ne m'ennuie pas. C'est… comme ça.

CLAUDE : Mais écoutez-moi, petite idiote ! Vous êtes comtoise ? La Comté, si on ne la défend pas un peu, elle est finie. Détruite. Les massacres, la famine, la peste. Les gens partent. Tous les survivants s'enfuient. Elle sera morte, la Comté, bientôt. Moi, je ne veux pas.

LA DEMOISELLE : C'est très bien. Vous avez beaucoup parlé. C'était intéressant. Maintenant j'ai sommeil. Bonsoir.

CLAUDE : Bon. J'ai compris.

Il la prend à bras le corps, assez violemment, et l'entraîne.

LA DEMOISELLE *(provocante)* : Vous êtes brutal !

CLAUDE : Oui. Et si vous ne venez pas gentiment, je le serai encore beaucoup plus !

LA DEMOISELLE : Parce que je ne m'intéresse pas assez à vos batailles ?

CLAUDE : Parce que je ne veux plus vous voir ici, dans cette salle. Vous allez monter bien sagement. Perrine va s'occuper de vous. Elle va vous donner une chambre. Une chambre confortable. Tout ce qu'il y a de bien pour une dame de qualité comme vous. Et moi…

LA DEMOISELLE *(de plus en plus provocante)* : Vous ?

CLAUDE : Ne me regardez pas comme ça !

LA DEMOISELLE : Pourquoi ?

CLAUDE : Vous le savez très bien.

LA DEMOISELLE : Vous comptez m'y rejoindre dans cette chambre ?

CLAUDE : Rien du tout. Je compte bien vous y laisser et vous enfermer à double tour. Avec cette clé, que voilà.

LA DEMOISELLE : C'est dommage. Je vous imaginais plus…

CLAUDE : Et bien non. Vous voilà renseignée.

LA DEMOISELLE : Mais sachez-le, on ne m'enferme pas, moi.

CLAUDE : Ah ! Oui ? C'est ce qu'on va voir.

Il la traîne vers l'escalier.

6

CLAUDE – PERRINE – LA DEMOISELLE

Perrine entre précipitamment.

PERRINE : Qu'est-ce qui se passe ?

CLAUDE : Toujours personne ?

PERRINE : Personne. Qu'est-ce que tu lui fais ? Veux-tu bien la lâcher ?

CLAUDE : Te mêle pas de ça, Perrine.

LA DEMOISELLE : Laissez-le faire. Il se croit très fort ! C'est drôle.

CLAUDE : Ah ? C'est drôle ? Pas d'histoires ! Montez !

Il lui fait monter l'escalier. La Demoiselle s'abandonne en riant.

PERRINE : Ne lui fais pas de mal !

LA DEMOISELLE : Il ne me fait rien ! Rassurez-vous ! La morale et c'est tout.

CLAUDE : Même pas ! Allez ! Taisez-vous !

La Demoiselle : Il s'imagine qu'il va m'enfermer !

Claude : Montez !

La Demoiselle : Je ne suis pas de celles qu'on enferme !

Claude : Silence ! Montez !

La Demoiselle : Je monte. Avec vous. Dans vos bras. Savez-vous ? Ce n'est pas désagréable.

Ils disparaissent dans l'escalier.

La voix de Claude : Taisez-vous. Tenez-vous tranquille ! Allons ! Soyez sage.

Perrine ***(seule) :*** Elle a le mauvais œil, cette fille-là…

7

Claude – Perrine

Claude redescend, les clés à la main.

Claude : C'est fait. Bouclée.

Perrine : Drôle de fille.

Claude : Je la prenais pour un agent des Français.

Perrine : Tu n'y crois plus ?

Claude : Non.

Perrine : Méfie-toi, Claude.

Claude : C'est toi qui me dis ça !

Perrine : Méfie-toi d'elle.

CLAUDE : Tout à l'heure, tu la prenais pour une pauvre petite chose perdue !

PERRINE : Tout à l'heure, elle m'attendrissait. Maintenant, elle me fait peur.

CLAUDE : Moi, non. Je m'étais trompé. Elle n'est pas dangereuse. Encombrante, voilà tout.

PERRINE : Méfie-toi, Claude. Son regard... J'ai croisé son regard.

CLAUDE : Tu as peur de quoi ? Tu crois que je vais me laisser entortiller ? Tu me connais mal, Perrine. Je suis mon maître. J'aime bien les jolies filles, mais ce n'est pas demain que... Rien. J'ai d'autres soucis en tête. Je l'ai enfermée pour être tranquille.

Il se laisse tomber sur une chaise. Il a l'air très fatigué, tout d'un coup.

PERRINE : Ça ne va pas ? Tu dois avoir faim, non ?

CLAUDE : Plutôt !

PERRINE : Mets-toi à table. J'apporte ce qu'il faut !

Il pousse sa chaise près d'une table. Perrine va et vient. Elle apporte une assiette, un verre. Du pain, du vin. Puis de la soupe. Il mange et boit. Avec plaisir. Pourtant, il est sombre.

PERRINE : Elle est bonne, ma soupe ?

CLAUDE : Je te crois !

PERRINE : Allez ! Régale-toi ! Ce n'est pas tous les jours que tu manges des petits plats comme les miens, non ?

CLAUDE : Ça !

Elle remporte la soupe, apporte une assiettée de gaudes, une sorte de bouillie.

CLAUDE : Ah ! Les bonnes gaudes. Tu n'as pas perdu la main.

PERRINE : Mange. Prends des forces.

Un moment de silence. Il mange et boit. Pourtant, il reste sombre.

PERRINE : Quelque chose t'embête, Claude…

CLAUDE : Oui.

PERRINE : Qu'est-ce que c'est ?

CLAUDE : Bah…

PERRINE : Tu sais, Claude, tu peux tout me dire.

CLAUDE : Je sais.

PERRINE : Alors ? Qu'est-ce qui te tracasse ?

CLAUDE : Mes gars qui n'arrivent pas.

PERRINE : Le soir n'est pas tombé. Ils peuvent encore venir.

CLAUDE : Peut-être bien…

PERRINE : Peut-être qu'ils attendent la nuit. Par prudence.

CLAUDE : C'est possible.

PERRINE : Cette fille… Elle t'inquiète ?

CLAUDE : Elle cache quelque chose. Ce n'est pas une espionne, non. Mais j'aimerais bien savoir…

PERRINE : Qu'est-ce que tu vas faire d'elle ?

CLAUDE : Pour l'instant, rien. Elle est bouclée. J'attends mes gars. Après…

PERRINE : Après ?

CLAUDE : On verra… J'aurai une petite conversation avec elle.

PERRINE : Tu ferais mieux de l'éviter. Elle ne te portera pas chance, cette fille là, c'est moi qui te le dis.

CLAUDE ***(sec)*** **:** Je sais ce que je fais.

PERRINE : Tu veux du gâteau ?

CLAUDE : Pour sûr !

Perrine apporte le gâteau. Il se sert.

PERRINE : Il est bon ?

CLAUDE : Très bon.

PERRINE : Tu veux que je te dise, Claude ?

CLAUDE : Oui ? Quoi ?

PERRINE : Depuis le temps qu'on se connaît... J'ai remarqué...

CLAUDE : Allons bon ! Qu'est-ce que tu as remarqué ?

PERRINE : Tu rigoles facilement. Mais tes yeux sont tristes. Tu parles. Mais tu ne dis rien. C'est pour ça qu'on t'appelle Lacuzon ? T'as la cuson, le souci qui te tient au fond, hein ?

CLAUDE : Non. Ce n'est pas pour ça.

PERRINE : Alors pourquoi ?

CLAUDE : Une histoire. Une drôle d'histoire.

Il se lève, ouvre la porte, sort un instant. Puis il revient, le visage sombre.

CLAUDE : Rien. La nuit va tomber. On ne voit rien de rien. Le brouillard. Le silence, le vent, c'est tout.

PERRINE : Ils vont venir.

CLAUDE : Je ne sais pas.

PERRINE : Te fais pas de mouron ! Ils sont malins.

CLAUDE : Sûr ! Mais...

PERRINE : Ils ne parleront pas.

CLAUDE : Alors là !

PERRINE : Tes hommes ne parlent pas. Même sous la torture. C'est ce qu'on dit...

CLAUDE : On dit vrai. Ceux qui parlent, je m'arrange pour qu'ils ne parlent pas deux fois.

PERRINE : Tu es dur, Claude.

CLAUDE : Je suis capitaine. Voilà.

PERRINE : Alors... Pourquoi tu t'inquiètes ?

CLAUDE : Ce sont des hommes. On n'est jamais sûr !

PERRINE : J'ai confiance. Ils t'admirent. Ils te craignent, ils te vénèrent. Tu es leur dieu. Ils mourraient pour toi. Ils ne parleront pas.

CLAUDE : Quelqu'un a parlé. Quelqu'un a trahi.

LA DEMOISELLE : Tu sauras bien qui c'est.

CLAUDE : Oui.

PERRINE : Alors ? Cette histoire ? Une petite goutte, ça te dit ?

CLAUDE : Pas de refus. Qu'est-ce que tu as ?

PERRINE : De la prune.

CLAUDE : Je la connais. Elle est fameuse. Donne.

Elle apporte la bouteille d'eau de vie et en verse dans son verre.

CLAUDE : Merci. Alors, voilà... Un jour... C'était, oh ! Il y a bien trois ans de ça ! On se battait, du côté de la montagne de Saint-Georges. On avait affaire à forte partie. Ils étaient trois fois plus nombreux que nous. Ma foi, je donnais de grands coups d'épée à gauche, à droite, partout. Des égratignures, j'en avais sur tout le corps. Je ne les sentais même plus. Tout d'un coup, un grand diable de Français me bondit dessus, je ne l'avais même pas vu, il allait m'embrocher tout net, quand j'entends une voix qui me chuchote à l'oreille « La cuson ! La cuson ! ».

PERRINE : Une voix ?

CLAUDE : Tout juste. « Attention ! », qu'elle me dit, « Prends garde ! ». En patois de chez nous, preuve qu'elle était des nôtres. Une voix, tu penses ! Elle aurait pu venir du Diable. Une espèce de fantôme, du genre sorcière ou loup garou !

Perrine se signe.

CLAUDE : Et bien non. Aussi vrai que je suis bon chrétien, cette voix, elle m'inspirait confiance.

PERRINE : Tu l'as entendue, pour de vrai, tu es bien sûr ?

CLAUDE : Juré, craché, ma belle. Et pas qu'une fois ! À chaque bataille, dès que j'étais en difficulté, c'était la même rengaine. « La cuson ! La cuson ! »

PERRINE : Non !

CLAUDE : À chaque bataille. Aussi vrai que je m'appelle Claude.

PERRINE : Dis-moi… Quel genre de voix c'était ?

CLAUDE : Une voix de femme. Comme un chant. Mais tout doux, tout doux… Un murmure…

PERRINE : Tu l'as fait savoir à tes hommes ?

CLAUDE : Pour sûr ! Ça les rassurait. De savoir qu'une créature surnaturelle protégeait leur chef.

PERRINE : Une créature surnaturelle !

CLAUDE *(grave)* : C'était une créature surnaturelle. Quelque chose comme un ange. Elle était invisible. Je l'entendais, c'est tout. Ils disent tous que j'ai la chance avec moi. Ma chance, tu vois, c'est elle. Elle m'a sauvé la vie. Souvent !

PERRINE : C'était qui ?

CLAUDE : Bah…

PERRINE : Tu as bien une petite idée…

CLAUDE : Aucune. Mes hommes…

PERRINE : Qu'est-ce qu'ils disent ?

CLAUDE : Des idées à eux. Des blagues. Mais ça leur donne confiance.

PERRINE : Elle est à qui, cette voix, pour tes hommes ?

CLAUDE : Ils disent que c'est la Vouivre.

PERRINE : Jésus ! Marie !

Elle se signe.

CLAUDE : Elle te fait peur, la Vouivre ?

PERRINE : On en raconte, sur elle ! Tant et tant !

CLAUDE : On raconte bien des choses. S'il fallait tout croire !

PERRINE : Tout de même !

CLAUDE : Tu l'as vue, toi ?

PERRINE : J'ai vu un serpent qui filait, près de la source, dans le petit bois près de chez nous.

CLAUDE : Des serpents, sûr, il y en a.

PERRINE : La grand-mère de ma voisine l'a vue. Elle nous l'a raconté, un soir, à la veillée.

CLAUDE : Les vieilles, ça radote. Qu'est-ce qu'elle a vu, au juste ?

PERRINE : Une très belle femme, toute nue, qui courait. Elle avait une pierre rouge sur le front. Elle l'a posée. Elle est allée nager dans le lac.

CLAUDE : Quel lac ?

PERRINE : La grand-mère ne l'a pas dit.

CLAUDE : Tiens donc !

PERRINE : Elle est sortie de l'eau entourée de serpents.

CLAUDE : Elle l'a rêvée, son histoire, ta vieille.

PERRINE : Fais pas le malin, Claude Prost ! Il y en a bien d'autres qui l'ont vue, la Vouivre. Tous ceux qu'elle a tués. Tous ceux qui ont essayé de lui voler l'escarboucle !

CLAUDE : Ah ! Oui ! L'escarboucle ! L'œil de la Vouivre !

PERRINE : Oui. Le rubis qu'elle porte sur le front. Il vaut une fortune ! Il permet de tout voir, le visible et l'invisible ! Le présent, le passé, l'avenir !

CLAUDE : Ça me conviendrait assez. Une fortune pour aider nos paysans à rebâtir leurs maisons. Et l'œil pour prévoir les manœuvres des Gris.

PERRINE : Va ! Fais ton blasé ! Les autres aussi, ils se croyaient finauds ! Jusqu'au moment où ils l'ont vue, avec son corps de serpent, ses ailes de chauve-souris ! Et elle crachait le feu !

CLAUDE : Arrête, avec tes bêtises, ma pauvre Perrine. La seule chose qui m'inquiète, c'est…

Il sort. Il revient. Il s'étire, s'allonge sur le banc.

CLAUDE : J'ai bien mangé, bien bu. Je crois que je vais faire un petit somme. Récupérer un peu.

PERRINE : Dors, je vais guetter un peu. Si je vois tes gars, je te réveille.

CLAUDE : Je compte sur toi !

PERRINE : Pas de souci. Repose-toi, mon grand. Et tiens ! Rends-moi les clés. Je vais voir un peu la petite, là haut.

Je vais lui apporter une bonne assiette de gaudes. On ne va quand même pas la laisser mourir de faim.

CLAUDE : Fais attention. Ne la laisse pas filer ! C'est une couleuvre !

Il lui donne les clés.

PERRINE : Fais de beaux rêves !

Claude s'endort tout de suite. Perrine sort un instant. Elle rentre. Elle ferme la porte à double tour. Elle monte l'escalier.

Voix de PERRINE : Mademoiselle ! N'ayez pas peur. C'est moi. Je viens vous faire une petite visite.

Perrine redescend en courant.

PERRINE : Claude ! Réveille-toi !

Claude bondit.

CLAUDE : Qu'est-ce qui se passe, bon sang ?

PERRINE : Elle n'est plus là.

CLAUDE : Quoi !

PERRINE : La fenêtre est ouverte. Elle s'est sauvée.

CLAUDE : Bon Dieu de bon Dieu ! Je m'étais trompé. La salope ! Elle est partie les prévenir. Nous dénoncer. Va-t-en, Perrine ! Sauve-toi !

PERRINE : Moi ! Je laisserais mon auberge ! Jamais !

CLAUDE : Va-t-en, je te dis ! Espèce de folle ! Tu veux mourir ?

PERRINE : Et toi ?

CLAUDE : Fonce ! T'occupe pas de moi. Je sais ce que j'ai à faire. La petite grotte au renard, à coté… Tu t'en souviens ?

Perrine : Bien sûr que je m'en souviens !

Claude : Attends-moi là !

On frappe à la porte.

Claude et Perrine s'immobilisent.

Claude : Va voir par la fenêtre d'en haut, sans te montrer.

Elle monte. Il prend son épée à la main.

Perrine redescend.

Perrine : C'est elle.

Claude : Elle a de l'audace ! Ouvre.

Perrine : Tu crois ?

Claude : Ouvre ! Je te dis !

Perrine ouvre la porte d'entrée, fermée au verrou.

La Demoiselle entre.

8

Claude – Perrine – La Demoiselle

La Demoiselle : Bonsoir.

Claude : Vous vous amusez bien ?

La Demoiselle : Je vous avais dit qu'on ne m'enfermait pas.

Claude : Vous vous êtes fait mal, en sautant ?

La Demoiselle : Je suis agile.

Claude : Vous avez eu le temps de prévenir vos amis ?

LA DEMOISELLE : Des amis ? Que voulez-vous que j'en fasse ? Les hommes m'ennuient. Ils sont petits, cupides, mesquins, lâches.

CLAUDE : Merci pour eux.

LA DEMOISELLE : Mais vous…

CLAUDE : Je ne suis pas comme eux ?

LA DEMOISELLE : Vous êtes intéressant, plus intéressant qu'eux. Même si vous avez vos faiblesses.

CLAUDE : Merci. Lesquelles ?

LA DEMOISELLE : Vos compagnons.

CLAUDE : Bon. Vous allez parler !

LA DEMOISELLE : Vos fidèles compagnons. Vous êtes inquiet de leur sort ? Hein ? Je les ai vus.

CLAUDE : Où ça ?

LA DEMOISELLE : À la grotte du renard.

CLAUDE : Ah ?

LA DEMOISELLE : Ils vous attendent.

CLAUDE : Vous êtes bien renseignée.

LA DEMOISELLE : Je sais voir.

CLAUDE : Je n'en doute pas !

LA DEMOISELLE : Je vois beaucoup de choses. Je pourrais les taire, mais je vous veux du bien.

CLAUDE : Qu'est-ce qu'ils feraient à la grotte ? J'avais dit à l'auberge.

LA DEMOISELLE : Ils ont leurs raisons. De très bonnes raisons.

CLAUDE : J'aimerais bien comprendre.

LA DEMOISELLE : Quoi ?

CLAUDE : Qui vous êtes. Ce que vous voulez.

LA DEMOISELLE : Je vous aide. Prenez-le comme un cadeau.

CLAUDE : Et en échange ?

LA DEMOISELLE : J'ai dit un cadeau.

Il la prend à bas le corps, la regarde yeux dans les yeux. La Demoiselle ne cille pas.

CLAUDE : Je peux te croire ? Vraiment ?

LA DEMOISELLE : À ton avis ?

PERRINE : Méfie-toi d'elle, Claude. Elle m'inquiète. J'ai vu ses yeux.

CLAUDE : Je la regarde. Elle ne ment pas.

PERRINE : Son regard est froid. Elle est sans cœur, sans âme. Un petit serpent.

CLAUDE : Son regard est net. Pas de fausseté, pas de bassesse… J'aime ça.

Il la lâche.

CLAUDE : Perrine, je te la confie. Occupe-toi d'elle. La grotte est à deux pas. J'y fais un saut.

PERRINE : Tu es fou ! Tu ne vas pas te fier à…

CLAUDE : T'inquiète pas, « prudent comme Lacuzon ». Et puis… Je t'ai raconté. On me protège.

Il rit et sort.

9

PERRINE – LA DEMOISELLE

PERRINE : Si vous avez menti…

LA DEMOISELLE : Que croyez-vous pouvoir me faire ?

PERRINE : Je saurai bien… Je vous jure que si…

LA DEMOISELLE : Pourquoi lui ferais-je du mal ?

PERRINE : Vous l'aimez ?

LA DEMOISELLE : Qu'est-ce que c'est ?

PERRINE : Vous vous moquez de moi !

LA DEMOISELLE : Non.

PERRINE : Vous n'aimez personne, c'est ça ? C'est bien triste.

LA DEMOISELLE : Pourquoi ? Je vais, je viens, je jouis de tout, un rien m'amuse. Si on me plaît, je prends, si on m'embête, je frappe, s'ils sont plus forts, je fuis. Mais vous autres… Je vous observe. Aucune retenue, aucune mesure. Vous riez, vous pleurez, parce qu'il vous a quittée, parce qu'il en aime une autre, parce qu'il est mort.

PERRINE : Oui. Bien sûr. Il n'y a pas un jour, pas une nuit, pas un instant où je ne pense pas à mon mari.

LA DEMOISELLE : Il est parti ?

PERRINE : Les Gris l'ont emmené. Il est mort, c'est sûr.

LA DEMOISELLE : Et vous êtes triste ?

PERRINE : À votre avis ?

LA DEMOISELLE : C'est bien ce que je disais. Vos nuits, vous les passez seule ?

PERRINE : Oui.

LA DEMOISELLE : C'est absurde. Vous n'êtes plus toute jeune. Les femmes vieillissent et perdent leur beauté.

PERRINE : Vous êtes cruelle.

LA DEMOISELLE : Non. Les feuilles mortes tombent, on les foule aux pieds et c'est très bien.

PERRINE : Je ne comprends pas… Comment peut-on être si…

LA DEMOISELLE : Vous me détestez ?

PERRINE : Vous êtes une vipère !

LA DEMOISELLE : On le dit. Les serpents…

PERRINE : Les serpents ?

LA DEMOISELLE : Ils sont beaux.

PERRINE : Quelle horreur !

LA DEMOISELLE : Très beaux. Pourtant il y a un homme… C'est étrange… Je vois son visage partout. Dans les nuages, dans les fougères, dans la dentelure des rochers. Je reconnais son odeur dans les herbes, dans la terre. J'entends sa voix dans le vent, dans la pluie, dans le cri des oiseaux. Dans mes nuits, dans mes rêves.

PERRINE : Alors, vous aimez.

LA DEMOISELLE : Ce serait… surprenant.

Elle rit.

PERRINE : Vous l'aimez.

LA DEMOISELLE : Peut-être. Peut-être pas. Je le veux. Vous savez… C'est comme… parfois, dans le courant, un poisson. Je nage, il me frôle, je me retourne. Sa couleur, sa vivacité… Il me fascine ! Il me séduit ! Je tente de le saisir, pas facile. De mes deux mains je l'attrape, je ferme les doigts sur lui. Il est pris, il est beau, il frétille. Parfois il meurt.

PERRINE : Qui est-ce ?

LA DEMOISELLE : Un beau poisson.

PERRINE : Vous vous moquez de moi. Vous avez très bien compris. L'homme. Qui est-ce ? C'est Claude ?

LA DEMOISELLE : Il me plaît assez…

PERRINE : Laissez-le tranquille.

LA DEMOISELLE : Pourquoi ?

PERRINE : Il a une mission. Les femmes ne comptent pas pour lui. C'est juste une distraction, en passant…

LA DEMOISELLE : Et vous ?

PERRINE : Oh ! Oui, dans le temps… Une vieille histoire, c'est du passé, je suis son amie. Il a confiance en moi, en moi seule. Il me dit tout. Vous ne pouvez pas comprendre.

LA DEMOISELLE : Je peux le rendre fou en un seul regard.

PERRINE : C'est bien possible. Et après ?

LA DEMOISELLE : Après, j'irai nager sous la cascade.

PERRINE : Et lui ?

LA DEMOISELLE : Il sera heureux de m'avoir rencontrée.

PERRINE : Vous l'aimez ?

LA DEMOISELLE : C'est possible… C'est si fort, ce qui m'arrive… Mais je ne crois pas. Je ne suis pas née pour ça. Je ne suis même pas née.

PERRINE : Pardon ?

LA DEMOISELLE : Pas de mémoire. Pas de soucis. Pas d'espoirs. Je suis, je dure… Vos familles… Vos souvenirs… Ces poids que vous traînez ! Vos chaînes ! Moi, je glisse…

PERRINE : Pas d'enfance, pas de famille, pas de soucis. Des racontottes. On se croirait à la veillée, quand les vieilles racontent l'histoire de la voui… Oh mon Dieu ! Qu'est-ce que vous êtes, mademoiselle ?

LA DEMOISELLE : Vous le savez.

PERRINE : Oh ! Mon Dieu !

LA DEMOISELLE : Je ne fais pas de mal aux femmes.

PERRINE : Mais aux hommes…

LA DEMOISELLE : C'est de leur faute.

PERRINE : Parce qu'ils vous désirent.

LA DEMOISELLE : Voilà ce qu'ils désirent.

La Demoiselle montre l'escarboucle.

PERRINE : Alors c'est…

LA DEMOISELLE : Oui.

PERRINE : Quelle merveille.

LA DEMOISELLE : Un rubis. Pur, parfait.

PERRINE : Un œil, à ce qu'on dit ?

La Demoiselle attache l'escarboucle sur son front.

LA DEMOISELLE : Je vois.

PERRINE : Vous ne voyiez pas, sans… ?

LA DEMOISELLE : Mais là, je vois mieux, je vois loin.

PERRINE : Vous êtes belle.

LA DEMOISELLE : Oui.

PERRINE : Alors… C'était vous ? La voix…

LA DEMOISELLE : Je protège Claude Prost. Je lui parle, oui.

PERRINE : Est-ce que vous venez du Diable ?

LA DEMOISELLE : Le Diable ? Le Bon Dieu ? Ils sont si jeunes ! J'ai vécu des milliers de milliers d'années.

PERRINE : On vous connaît bien, par ici. On parle de vous. Vous faites peur.

LA DEMOISELLE : Qu'ils me laissent nager en paix dans les lacs et les ruisseaux… Qu'ils cessent de me poursuivre.

PERRINE : Vous haïssez les hommes ?

LA DEMOISELLE : Non. Ils me séduisent parfois, le temps d'un jeu.

PERRINE : Claude ? Pourquoi lui ?

LA DEMOISELLE : Le scintillement d'un poisson qui passe… Alors, l'envie, féroce, vorace… Je ne sais pas… Il y a entre lui et moi un lien. Mais ce ne sont pas vos affaires. Je lui dirai, à lui.

PERRINE : S'il revient…

LA DEMOISELLE : Il reviendra.

PERRINE : Il a retrouvé ses compagnons ?

LA DEMOISELLE : Oui. Il leur parle.

PERRINE : Vous le voyez ?

LA DEMOISELLE : Oui. Il donne des ordres. Il réconforte. Il sait parler aux hommes, leur rendre courage. Il les laisse. Il dit qu'il reviendra, bientôt.

PERRINE : Vous le voyez ?

LA DEMOISELLE : Je le vois. Il sort. Il est en chemin. Dans le brouillard, une silhouette, c'est lui. Il arrive.

PERRINE : J'ai peur.

LA DEMOISELLE : Pour vous ?

PERRINE : Pour lui.

LA DEMOISELLE : Je suis sa chance.

PERRINE : Ne le détruisez pas !

LA DEMOISELLE : Pourquoi le ferais-je ?

PERRINE : On sait ce qu'on sait. Vous avez tué beaucoup d'hommes.

LA DEMOISELLE : Le voici.

La Demoiselle ôte son escarboucle, la dissimule.

10

CLAUDE – PERRINE – LA DEMOISELLE

Entre Claude.

CLAUDE : Ils étaient à la grotte.

PERRINE : Je sais. Elle me l'a dit.

CLAUDE : Qui ? Elle ? Tu l'as crue ?

PERRINE : Oui. Ils y étaient ?

CLAUDE : Ils y étaient.

PERRINE : Tous ?

CLAUDE : La-Jeunesse est blessé.

PERRINE : Le petit ? Non !

CLAUDE : Il va s'en sortir. Ils ont eu peur de te compromettre, en amenant un blessé ici. Ils ont envoyé Tranche-Montagne mais l'imbécile n'a pas osé entrer ***(désignant la Demoiselle)*** quand il l'a vue.

PERRINE : Je vais prendre le gamin ici. Une grotte, c'est pas sain pour un blessé.

CLAUDE : Y a plus de danger, les Gris sont partis. Ramène-le ici, oui. Les autres dormiront là-bas. Demain, on avisera. Et on causera. Sérieusement. Je saurai qui nous a donnés.

PERRINE : Je vais chercher le petit. ***(à la Demoiselle)*** Vous m'aiderez à le soigner ? Vous devez connaître des herbes. Celles qui guérissent.

LA DEMOISELLE : Je te montrerai les plantes. Je t'enseignerai leur usage.

PERRINE : Merci. Soyez bienveillante. N'apportez pas le malheur ici. Je vous en prie.

LA DEMOISELLE : Va. Laisse-nous.

PERRINE : Je vais chercher le petiot.

Perrine fait un signe d'allégeance et sort.

11

CLAUDE – LA DEMOISELLE

CLAUDE : Qu'est-ce qui lui prend ?

LA DEMOISELLE : De quoi donc ?

CLAUDE : Perrine, qu'est-ce que vous lui avez fait ?

LA DEMOISELLE : On a parlé… Entre femmes…

CLAUDE : Expliquez-moi.

LA DEMOISELLE : Ah ! Oui ? Que voulez-vous savoir ?

CLAUDE : Tout.

La Demoiselle : C'est beaucoup !

Claude : Que me voulez-vous ? Qu'êtes-vous venue faire ici, dans cette auberge ? Comment connaissez-vous la grotte ? Qu'avez-vous dit à Perrine ?

La Demoiselle : Que de questions ! Je pourrais vous répondre d'un seul mot. Un nom.

Claude : C'est ce que je demande.

La Demoiselle : Vous n'êtes pas prêt.

Claude : Ah ! Parce que Perrine l'était, prête ?

La Demoiselle : C'est une femme… Elle sait.

Claude : Moi, j'ai une autre façon de savoir.

La Demoiselle : Vraiment ?

Claude : La plus simple.

Il la prend dans ses bras. La Demoiselle ne recule pas mais ne s'abandonne pas non plus.

Claude : Tu m'as dit que j'étais à ton goût, hein ? Tu me l'as dit, tout à l'heure. Tu le pensais, non ?

La Demoiselle : Ce que je dis, je le pense.

Claude : Ça tombe bien. Parce que tu me plais aussi, à moi.

La Demoiselle : Tout à l'heure, vous chantiez une autre chanson.

Claude : Tout à l'heure, j'attendais mes camarades.

La Demoiselle : Et maintenant, il est temps de s'amuser… Et si je ne voulais plus, moi.

Claude : Ah ! On fait sa coquette ! Tu en as envie autant que moi.

La Demoiselle : Non.

Claude *(très insistant)* **:** J'y crois pas, à ce « non ». Tu voulais bien, tout à l'heure. Alors laisse-toi faire.

Il insiste. Elle se dégage violemment.

La Demoiselle : Je veux quand je veux. C'est moi qui décide.

Claude *(ironique)* **:** Pardon, princesse !

La Demoiselle : Oui, je suis une princesse.

Claude : Tu es mal tombée. Je ne suis pas un petit marquis.

La Demoiselle *(caressante)* **:** C'est toi que j'attendais dans cette auberge. Tu me plais. Peut-être même que je t'aime.

Claude : Tu veux jouer avec moi ? D'accord. Ce soir, j'ai tout mon temps. Tu sais bien que je gagne toujours. À la guerre, en amour.

La Demoiselle : On verra…

Claude : On verra.

La Demoiselle passe la main sur les yeux de Claude.

La Demoiselle : Ferme les yeux. Tu sauras qui je suis.

Il ferme les yeux.

Claude : Pas d'entourloupe, hein ! J'ai l'ouïe fine.

La Demoiselle : Tu les rouvriras quand je te le dirai.

Claude : Coquine !

La Demoiselle *(chuchoté à son oreille)* **:** La cuson… La cuson…

Claude *(les yeux fermés)* **:** Oh ! C'est… C'est l'ange…

Il ouvre les yeux. La Demoiselle est là, tout simplement. Il n'y a rien de changé. Pourtant... Il comprend. Il la

voit. On la devine dans son regard. Elle est magnifique et redoutable. C'est la Vouivre dans toute sa splendeur effrayante.

CLAUDE : La…

LA DEMOISELLE : Oui.

CLAUDE : Je ne peux pas le croire.

LA DEMOISELLE : Et pourtant…

CLAUDE : La voix… C'était toi… C'était vous ?

LA DEMOISELLE : Moi… Serpent, oiseau, dragon, vole-nage-rampe, moi. Pierre, cuir et chair, plumes et feu. Femme aussi.

CLAUDE : Vouivre.

LA DEMOISELLE : Je t'aime.

Claude reste figé.

LA DEMOISELLE : Je t'aime. Lacuzon. Je suis venue pour te dire que je t'aime. Prends-moi dans tes bras.

Claude hésite.

CLAUDE : Je me donnerais au Diable.

LA DEMOISELLE *(riant)* : Tu as peur ?

CLAUDE : Je suis chrétien.

LA DEMOISELLE : Chrétien ? Paillard, adultère et meurtrier.

CLAUDE : Dieu me juge. Pas toi.

LA DEMOISELLE : Je suis beaucoup plus sage que ton Dieu.

CLAUDE : Toi ?

LA DEMOISELLE : Je suis comme l'eau des torrents, forte et vraie. Je suis vieille et sage. Je suis comme les bêtes à fourrure, à plumes, à écailles. Je tue comme les loups égorgent, comme les vipères piquent. J'étais déjà là bien avant que les hommes ne travaillent le bronze, j'étais sous la terre, dans les tréfonds. Et j'attendais. Je suis le Dragon et la Dame. Je suis la grande déesse, la toute première. Et je m'offre à toi. C'est un beau cadeau, Lacuzon, crois-moi. Vas-tu le refuser ?

CLAUDE : Je ne veux pas perdre mon âme et mon salut éternel.

LA DEMOISELLE : Tu as peur, Comtois ?

CLAUDE : Je n'ai pas peur de toi.

LA DEMOISELLE : Alors quoi ? Vaillant Lacuzon, qu'est-ce qui t'arrête ?

CLAUDE : C'est bon ! Nous ne sommes pas de la même espèce. Passe ton chemin. J'aime les femmes.

LA DEMOISELLE : Je suis mieux qu'une femme.

CLAUDE : Serpent !

LA DEMOISELLE : Tu devrais me respecter.

CLAUDE : Pourquoi ? Je suis encore libre, non ? Je ne t'ai pas appelée. Laisse-moi. Nous n'avons rien à faire ensemble.

LA DEMOISELLE : Nous avons beaucoup à faire ensemble. Laisse-moi te raconter une histoire.

CLAUDE : Je n'écoute pas.

LA DEMOISELLE : Cette histoire te concerne. Et me concerne.

CLAUDE : Tu veux m'embobiner.

LA DEMOISELLE : Écoute. Il était une fois, dans un village appelé Longchaumois…

CLAUDE : Chez moi.

LA DEMOISELLE : Chut… Il était une fois un homme et une femme. L'homme s'appelait Pierre, il était paysan. Sa femme s'appelait Clauda.

CLAUDE : Mes parents.

LA DEMOISELLE : Oui.

CLAUDE : Qu'est-ce que tu leur veux, à mes parents ?

LA DEMOISELLE : Tais-toi. Laisse-moi raconter. La femme attendait un enfant, son premier né. Une nuit, Pierre et Clauda sortirent de chez eux. Près de la maison, il y avait une cascade, la Pissevieille. En tombant, les eaux formaient une vasque, une claire fontaine. Dans cette fontaine, la Vouivre venait se baigner.

CLAUDE : Toi.

LA DEMOISELLE : Chut… Cette nuit là, Pierre et Clauda retirèrent leurs vêtements et entrèrent dans l'eau. Ils y implorèrent la Vouivre.

CLAUDE : Je ne te crois pas. Mes parents étaient bons chrétiens.

LA DEMOISELLE : Sans doute. Il n'empêche… Ils dirent à la Vouivre : Ô toute puissante, Vouivre d'eau, qui est aussi Vouivre d'air, Vouivre de terre, Vouivre de feu, maîtresse des serpents, prête nous une oreille favorable ! Écoute-nous ! Nous allons avoir un enfant, cet enfant, nous te le donnons, nous le vouons à toi. Qu'il soit fort, hardi, prudent et sage ! Neuf mois passèrent. L'enfant vint au monde. On le baptisa Claude et Jean. Mais une seconde cérémonie eut lieu. Secrète et nocturne.

CLAUDE : Tu veux dire que…

LA DEMOISELLE : Tu es à moi, Claude Prost. Tu le fus dès ta toute première enfance, quand tes parents te plongèrent dans l'eau de la fontaine. Tu m'appartiens.

CLAUDE : Faux ! Si ce que tu racontes est vrai, on m'a consacré à toi à mon insu. Je ne t'appartiens pas. Je suis mon seul maître. Le Roi d'Espagne est mon Seigneur. Je crois en Dieu. Mais toi…

LA DEMOISELLE : Tu te sens offensé ?

CLAUDE : Oui.

LA DEMOISELLE : Il y a ce lien entre nous. Tes parents l'ont voulu. Rien ne peut le rompre. Je t'ai aidé. À ton tour…

CLAUDE : Qu'est-ce que tu veux ?

LA DEMOISELLE : Ceux qui m'agressent, pourfends-les.

CLAUDE : Tu te débrouilles très bien toute seule.

LA DEMOISELLE : Tu refuses d'être mon protecteur ?

CLAUDE : Je protège la Comté.

LA DEMOISELLE ***(Elle tourne autour de lui, sinueuse, enveloppante)*** **:** C'est la même chose. La Comté, la Vouivre. Je règne sur les forces de la nature sauvage, toi tu commandes aux hommes libres. Nous sommes faits pour nous entendre, Lacuzon. Ne t'ai-je pas bien protégé, jusqu'ici ?

CLAUDE : Alors, tu cherches un allié ?

LA DEMOISELLE : Pas n'importe lequel. Toi. Je peux beaucoup pour toi… Imagine qu'un jour tu sois pris, qu'on te cerne. Imagine que surgisse alors dans le ciel une traînée d'argent, et que les Français te voient t'envoler sur le dos d'un serpent ailé qui crache le feu.

CLAUDE : C'est une prédiction ?

LA DEMOISELLE : Une promesse.

CLAUDE : Là, c'est autre chose. On peut causer. Tu as un œil magique, non ? Pour voir l'avenir, à ce qu'on dit. J'en ai besoin. Si tu veux qu'on s'allie, prête le moi.

La Demoiselle : Ah ! L'escarboucle !

Claude : L'escarboucle.

La Demoiselle : Alors, toi aussi !

Claude : Donne.

La Demoiselle : Je ne peux pas te le donner. Mais, moi, je peux voir pour toi.

Elle sort l'escarboucle.

Claude : Est-ce que nous allons chasser les Français ?

La Demoiselle : La vérité est cruelle, parfois…

Claude : Je veux savoir.

La Demoiselle met l'escarboucle sur son front. Un temps.

La Demoiselle *(inspirée)* : Je vois… La guerre… Les embuscades... Les Cuanais, tes compagnons, toujours plus nombreux. Le peuple t'aime. On te craint. Je sais. Je vois. Un jour… Le château de Montaigu.

Claude : C'est un tas de ruines. Les Français l'ont entièrement détruit.

La Demoiselle : Tu le relèveras. Ce sera ton repaire. Tu deviendras le seigneur de Montaigu. Tu seras puissant. On t'anoblira. Je sais. Je vois. Tes ennemis t'accuseront de violence, débauche, impiété, sorcellerie.

Claude : Laisse-les dire !

La Demoiselle : Tu gagneras, encore une fois. Je sais, je vois…

Claude : Tu vois vraiment ? Tu vois l'avenir de la Comté ?

La Demoiselle : Elle est victorieuse.

Claude : Oh ! Foutre Dieu ! Merci !

La Demoiselle : Le duc de Saxe-Weimar est mort.

Claude : Loué soit le ciel pour la mort de cette ordure !

La Demoiselle : Des batailles. Encore des batailles. Les Français, les Suédois, les Allemands s'en vont. La Comté est ravagée mais libre.

Claude : Loué soit Dieu ! La Sainte Vierge, les saints ! Et toi aussi, la Vouivre !

La Demoiselle : Un nouveau Roi de France, puissant, magnifique, porte la guerre ici.

Claude : Nous nous battrons.

La Demoiselle : Tu te bats. Tu es vieux, chenu, blanchi. Mais tu te bats encore. Tes compagnons cèdent. Pas toi.

Claude : Qui gagne ?

La Demoiselle : La Comté devient une province française.

Claude : Sois maudite !

La Demoiselle : Lacuzon, tu te bats pour rien.

Claude : Pour rien ? Relever les villages détruits ? Défendre les paysans qu'on extermine ? Pour rien ?

La Demoiselle : Tu continues ?

Claude : Je continue.

La Demoiselle passe la main devant les yeux de Claude.

La Demoiselle : Oublie ! Les hommes ne doivent pas connaître leur avenir. Même les plus forts sont fragiles. Oublie !

Claude : Qu'est-ce qui s'est passé ?

La Demoiselle : Tu as rêvé…

CLAUDE : Dans ma tête… Des images, elles passent puis s'effacent. Diableries ! Qu'est-ce que tu m'as fait ?

LA DEMOISELLE : Je t'ai montré ce que tu voulais voir. Je t'ai tout dit. Et puis… tu as oublié. Les hommes ne doivent pas connaître leur destin, c'est mieux ainsi. Alors, notre alliance ?

CLAUDE : Je sais me battre. Tu as des pouvoirs. On peut tenter l'aventure. Que peuvent les Français contre nous deux ?

LA DEMOISELLE : Tu n'as pas compris. Ce n'est pas de ce genre de pacte que je te parle. Les intrigues des humains ne me concernent pas.

CLAUDE : Mais si nous deux…

Il cherche à l'enlacer. Elle se dégage très subtilement, à la manière d'un serpent.

LA DEMOISELLE : Pas ici. Viens avec moi.

Elle tourne autour de lui, comme autour d'une proie, comme pour l'hypnotiser.

LA DEMOISELLE : Derrière une cascade, il y a une grotte que personne ne connaît. Ce sera peut-être un jour ton ultime refuge. Viens. Je me faufilerai en serpent entre les pierres. Tu sauras me voir, tu marcheras derrière moi. Puis je me baignerai dans le lac. Tu me regarderas et tu me rejoindras. Je t'ouvre les portes d'un autre monde… N'aie pas peur des fées, elles donnent un peu de leurs pouvoirs à ceux qui les aiment. Nous passerons derrière la cascade. Viens, nous ferons un beau voyage.

Elle essaie de l'entraîner. Il résiste.

CLAUDE : Un voyage sans retour.

La Demoiselle : Viens dans mon domaine, dans mon royaume. Je te ferai connaître des plaisirs que tu n'imagines pas !

Claude : D'accord. Mais alors ici. Maintenant.

Claude, luttant contre l'influence de la Vouivre, la prend à bras le corps et tente de la prendre de force.

Claude : Vouivre ou pas Vouivre, si tu crois que tu me fais peur !

Il est sur elle.

La demoiselle le repousse, elle est debout, d'un seul élan, terrible. Elle le toise.

La Demoiselle *(dans un sifflement)* : Toi, tu es fini !

Il s'effondre.

La Demoiselle : Je te maudis. Malheur à toi ! Finie, ta chance !

Il résiste, essaie en vain de se relever.

La Demoiselle : Il n'est plus question de pacte entre toi et moi. Je te retire ma protection. Maudits soient tes Cuanais, tes batailles et ta Comté !

Il est à terre, pétrifié. Elle le contemple un moment.

La Demoiselle : Les hommes sont si bêtes !

Elle ramasse l'escarboucle. Elle la met tranquillement sur son front.

La Demoiselle : Dommage.

Elle sort.

12

CLAUDE – PERRINE

Perrine entre. Elle voit Claude à terre. Elle court vers lui.

PERRINE : Claude ! Claude ! Qu'est-ce qu'elle t'a fait ?

Claude ouvre les yeux.

CLAUDE : Elle est partie ?

PERRINE : Oui. Ça va ?

CLAUDE ***(encore sous le choc, à mi-voix)*** **:** Elle m'a maudit. Elle nous a maudits. Moi, mes hommes et la Comté.

PERRINE : Qu'est-ce que tu dis ?

CLAUDE : Rien.

Il se relève.

CLAUDE : La-Jeunesse ?

PERRINE : Là-haut. Je l'ai fait entrer par la grange. Qu'est-ce qu'elle a…

CLAUDE : C'est bon. Rien. Demain, je réunirai mes gars. Il faut qu'on soit prêts. Pour se battre. Demain. On va se battre.

FIN

Théâtre
aux éditions L'Harmattan

Dernières parutions

REGARD (LE) DE LAURENT TERZIEFF
Brunhes Olivier, Téphany Julien
Ce DVD propose deux documentaires inédits sur l'artiste d'exception qu'était Laurent Terzieff. *Laurent Terzieff et compagnie* d'Olivier Brunhes (1996, 26 minutes), montrant Terzieff au travail dans sa mise en scène de *Meurtre dans la cathédrale. Terzieff par lui-même* de Julien Téphany (2011, 38 minutes) nous fait découvrir à travers les archives de l'INA la carrière de ce surdoué qui a décidé de se retirer du monde des stars pour se consacrer à l'essentiel.
(20.00 euros) *ISBN : 978-2-296-56778-8*

CONTRIBUTION D'UNE OUVRIÈRE DU THÉÂTRE AU BONHEUR DU MONDE – Pratique de l'atelier théâtre
Augier-Jeannin Isabelle
Ce livre témoigne d'une expérience théâtrale qui permet à l'auteure de faire un constat : les techniques qu'elle a acquises et expérimentées peuvent contribuer à un mieux-être en société, et individuel. Ces techniques et les témoignages qui leur sont associés constituent un outil précieux pour les « intervenants » (compagnies théâtrales, amateurs ou professionnels, désireux de proposer des ateliers théâtre en parallèle à leurs activités de création), mais aussi pour les « accompagnants » qui ont un projet éducatif et/ou de société : enseignants, éducateurs, coachs...
(39.00 euros, 396 p.)ISBN : 978-2-336-00151-7, ISBN EBOOK : 978-2-296-50712-8

KASSANDRA FUKUSHIMA SUIVI DE PROMÉTHÉE 2071
Pièces librement inspirées d'Eschyle
Jacques Kraemer
Ces deux pièces forment un diptyque dont le point de départ est le théâtre d'Eschyle : Prométhée enchaîné et Agamemnon. La première, Prométhée 2071, est travaillée par la question du réchauffement climatique et des désordres planétaires qui risquent d'en découler. La seconde, Kassandra Fukushima, exprime la hantise d'une articulation du terrorisme mondial au nucléaire militaire et civil.
(Coll. Théâtre des cinq continents, 10 euros, 64 p., juin 2012)
ISBN : 978-2-296-99061-6

L'EFFROYABLE CHANSON DU POÈTE VOYANT
Jean-Pierre Barbier-Jardet
Le message de cette pièce est axé sur la révolte contre la famille, l'Eglise et les despotes. Y figure la révolution de 1870, la Commune, mais aussi la guerre

d'Algérie et les tortures dénoncées dans le livre d'Henri Alleg, La Question. L'auteur retrace la guerre du Viêt Nam, l'Holocauste, la violence carcérale, comme les événements de mai 1968. L'amour y est présent sous sa forme la plus décriée puisqu'il s'agit d'homosexualité.

(Coll. Théâtre des cinq continents, 10,5 euros, 76 p., juin 2012)

ISBN : 978-2-296-97016-8

APPEL À LA FRATERNITÉ

M'envole, me pose, m'abandonne, résistant aux vents violents

Lucette JASON

Si la culture a un socle, celui-ci se trouve dans la diversité de nos réalisations. Cette oeuvre est un appel à la mise en commun de nos ressources pour mener à bien l'éducation des enfants. Cette démarche diminue les frustrations et la «rage», tout en acceptant d'écouter l'autre. Dans un quartier dit «difficile», Michael est défendu par sa mère, prête à résister. Elle se bat mais pense à la conciliation. Ses pas sont alors ceux de l'espoir.

(Coll. Théâtre des cinq continents, 12 euros, 88 p., juin 2012)

ISBN : 978-2-296-99248-1

CEUX DU PÉRIMÈTRE

Jean Larriaga

Ceux du périmètre sont jetés de chez eux sans ménagement, réduits à attendre que soit désactivée la bombe américaine de 500 kilos mise à jour au pied de leur immeuble. Les évacués attribuent à la bombe toutes les significations possibles. L'aîné d'entre eux, mémoire vivante des raids aériens de 1943 à 1944, affirme qu'il n'y en a jamais eu un seul ici. La peur se fera angoisse, le doute l'affirmation d'un châtiment rien que pour eux. Et pourquoi pas nucléaire ?...

(Coll. Théâtre des cinq continents, 12,5 euros, 112 p., juin 2012)

ISBN : 978-2-296-96241-5

CHAPEAU POUR NOTRE ÉPOQUE ! MI LÉPÔK, PAPA !

Pièce en créole et en français

Henri Melon

Nous sommes confrontés aux affres d'une révolution à l'échelle planétaire. Le mardi noir du 11 septembre 2001 est l'un de ses pics, tout comme «la crise». Dans cette pièce, alternativement comique et tragique, l'auteur rejette une troisième guerre mondiale en tant que solution appropriée au problème de l'humanité contemporaine.

(Coll. Théâtre des cinq continents, 12 euros, 96 p., juin 2012)

ISBN : 978-2-296-99312-9

LA PITIÉ DANGEREUSE

D'après le roman de Stefan Zweig

Elodie Menant

1913, dans une ville de garnison autrichienne, le riche M. Kekesfalva organise un bal costumé en l'honneur de sa fille, Edith, paralysée. Lors de cette soirée, la demoiselle rencontre Anton Hofmiller, jeune lieutenant de cavalerie. Pris de compassion pour elle, l'officier lui tient compagnie et les visites se succèdent.

Edith en tombe follement amoureuse. Comment réagir face à cet amour ? Quelles sont les limites et les dangers de la pitié ?
(Coll. Lucernaire, 8 euros, 84 p., juin 2012) *ISBN : 978-2-296-96646-8*

SOUS MA PEAU, LE MANÈGE DU DÉSIR
Geneviève de Kermabon
Ce texte est écrit à partir d'interviews d'anonymes sur le désir amoureux et d'extraits de l'oeuvre de Grisélidis Réal. Grand cirque de la passion, cabaret du sexe, manège du désir, cette pièce explore le fantasme et la réalité amoureuse dans tous ses états. L'Amour... Faire l'amour... et les autres, comment font-ils ? Que se cache-t-il dans ma tête et dans mon ventre, d'inavoué, de trouble, de sulfureux ? Suis-je normale ? Charlotte ne sait pas, Charlotte ne sait plus. Mais qui sait ?
(Coll. Lucernaire, 13,5 euros, 128 p., juin 2012) *ISBN : 978-2-296-96650-5*

LA MAIN INVISIBLE
Sylvie Jopeck
Les Naudin, famille de patrons, reçoivent Bernard Lubinski, directeur délégué de leur société, et sa femme. Dîner burlesque et tragique où entre séduction et humilitaion, se joue la comédie de la finance et de la fortune tandis que la ruse et le mépris manipulent ceux qui croyaient au pouvoir de l'argent. La Main invisible, celle dont l'économiste Adam Smith écrivait qu'elle conduit l'homme à «remplir une fin qui n'entre nullement dans ses intentions» est le théâtre de ce jeu de dupes.
(Coll. Théâtre des cinq continents, 11,5 euros, 92 p., juillet 2012)
ISBN : 978-2-296-99453-9

ELÉGANCE DES NAUFRAGÉS
Bernard Rongier
Un couple. H pour homme, F pour femme. Devant nous, cependant, deux personnages parfaitement individualisés, et comme le commande toute dramaturgie (ou presque), à la fois opposés et complémentaires. Lui mieux armé, plus à même de mener une barque pourtant fort incertaine ; elle plus faible, dépendante, souffrant de quelque obscure pathologie. Des éclopés de la vie, des laissés-pour-compte, certes. Mais puissamment liés par une sorte de tendresse résistante à l'accablement.
(Coll. Théâtre des cinq continents, 10 euros, 68 p., juillet 2012)
ISBN : 978-2-296-99660-1

MADAME DE VILMORIN
Annick Le Goff, Coralie Seyrig
D'après les interviews d'André Parinaud
La pièce, adaptée des entretiens de Louise de Vilmorin et d'André Parinaud, nous fait découvrir une séductrice et une grande amoureuse dotée d'un humour corrosif. Elle met en scène une femme de lettres étonnante qui se souvient de son enfance, des hommes qu'elle a aimés (Saint-Ex, Cocteau, Gallimard, Malraux) et d'un monde aujourd'hui disparu. Elle nous livre ses réflexions sur la littérature et sur la vie qui passe à la lueur d'une bougie et au détour de quelques interludes au piano.
(Coll. Lucernaire, 8,5 euros, 52 p., juillet 2012) *ISBN : 978-2-296-99412-6*

LA PAIX !

Vincent Colin

D'après Aristophane

« Nous autres les Malgaches, petit peuple vaillant vivant à l'écart des grands enjeux planétaires, avons décidé de nous adresser aux dieux pour qu'ils ramènent la paix sur Terre. » Gageons qu'Aristophane, ne serait pas fâché de voir les comédiens de la troupe malgache Landyvolafotsy s'emparer de cette version très libre de sa fameuse comédie. Le père Lagnole, l'un des leurs, s'élève vers l'Olympe, à l'aide d'une machine volante de sa propre confection, pour réclamer aux dieux la restitution ferme et définitive de cette paix qui leur fait tant défaut sur Terre.

(Coll. Lucernaire, 8,5 euros, 68 p., juillet 2012) ISBN : 978-2-296-99411-9

TROIS SOLITUDES

D.A.F. de Sade, Marie Lafarge, Josefa Menéndez

Jean-Marie Apostolidès

Trois individus ayant vécu à des moments différents de l'histoire sont arbitrairement réunis dans l'espace abstrait d'une scène de théâtre. Il s'agit du marquis de Sade, de l'écrivain romantique Marie Lafarge et d'une mystérieuse espagnole, cloîtrée dans un couvent de Poitiers, la soeur Josefa Menéndez. Chacun d'eux revit son existence et sa passion, exacerbée en raison de l'enfermement auquel il est soumis. L'excès, le délire et la mauvaise foi caractérisent leurs discours jusqu'au moment où ces trois vies brisées se rejoignent en un chant collectif.

(Coll. Théâtres, 15 euros, 146 p., juillet 2012) ISBN : 978-2-296-99191-0

MARELLE

Michel Cornélis

Un soir de noël, Paul et Lucie se retrouvent à minuit face à un cadeau étrange : une marelle dessinée sur le sol et un livre fermé de sept sceaux. Le chemin de la marelle les emmène sur un parcours initiatique parsemé de personnages étonnants. Au gré de leur rencontre, les deux adolescents vont mûrir et tisser des liens très forts afin de découvrir cette vérité détenue par le livre mystérieux.

(Coll. Théâtres, 10 euros, 64 p., juillet 2012) ISBN : 978-2-296-99657-1

L'HARMATTAN ITALIA
Via Degli Artisti 15; 10124 Torino

L'HARMATTAN HONGRIE
Könyvesbolt ; Kossuth L. u. 14-16
1053 Budapest

L'HARMATTAN KINSHASA
185, avenue Nyangwe
Commune de Lingwala
Kinshasa, R.D. Congo
(00243) 998697603 ou (00243) 999229662

L'HARMATTAN CONGO
67, av. E. P. Lumumba
Bât. – Congo Pharmacie (Bib. Nat.)
BP2874 Brazzaville
harmattan.congo@yahoo.fr

L'HARMATTAN GUINÉE
Almamya Rue KA 028, en face du restaurant Le Cèdre
OKB agency BP 3470 Conakry
(00224) 60 20 85 08
harmattanguinee@yahoo.fr

L'HARMATTAN CAMEROUN
BP 11486
Face à la SNI, immeuble Don Bosco
Yaoundé
(00237) 99 76 61 66
harmattancam@yahoo.fr

L'HARMATTAN CÔTE D'IVOIRE
Résidence Karl / cité des arts
Abidjan-Cocody 03 BP 1588 Abidjan 03
(00225) 05 77 87 31
etien_nda@yahoo.fr

L'HARMATTAN MAURITANIE
Espace El Kettab du livre francophone
N° 472 avenue du Palais des Congrès
BP 316 Nouakchott
(00222) 63 25 980

L'HARMATTAN SÉNÉGAL
« Villa Rose », rue de Diourbel X G, Point E
BP 45034 Dakar FANN
(00221) 33 825 98 58 / 77 242 25 08
senharmattan@gmail.com

L'HARMATTAN BÉNIN
ISOR-BENIN
01 BP 359 COTONOU-RP
Quartier Gbèdjromèdé,
Rue Agbélenco, Lot 1247 I
Tél : 00 229 21 32 53 79
christian_dablaka123@yahoo.fr

618221 - Septembre 2015
Achevé d'imprimer par